大展好書　好書大展

品嘗好書　冠群可期

彩色圖解
太極武術
10

楊氏
28式 太極拳

趙幼斌

編 著

大展出版社有限公司

國家圖書館出版品預行編目資料

楊氏28式 太極拳+VCD / 趙幼斌 編著・演示
─初版─臺北市：大展 ，2004【民93】
面 ； 21 公分 ─ （彩色圖解太極武術；10）
ISBN 957- 468-299-4 (平裝；附影音光碟)
1.太極拳

528.972　　　　　　　　　　93004160

北京體育大學出版社授權中文繁體字版

楊氏28式太極拳+VCD　　ISBN 957-468-299-4

編 著 者 / 趙幼斌
ＶＣＤ / 趙幼斌
責任編輯 / 佟　暉
發 行 人 / 蔡森明
出 版 者 / 大展出版社有限公司
社　　址 / 台北市北投區（石牌）致遠一路 2 段 12 巷 1 號
電　　話 / （02）28236031・28236033・28233123
傳　　真 / （02）28272069
郵政劃撥 / 01669551
網　　址 / www.dah-jaan.com.tw
E - mail / service@dah-jaan.com.tw
登 記 證 / 局版臺業字第 2171 號
承 印 者 / 暉峰彩色印刷有限公司
裝　　訂 / 協億印製廠股份有限公司
排 版 者 / 順基國際有限公司
初版 1 刷 / 2004 年（民 93 年）6 月　　　　定價 / 350 元

序

　　「健康，人類的第一財富」，這是人類社會進步中，作為「人類意識」的覺醒。「太極拳給人健康」，這是全球所有民族不爭的共識。今天，在中外文化融匯交流的大潮中，太極拳以其博大精深的內涵、寬闊無私的包容、大方優美的造型、簡單樸素的需求，以及鮮明的健身、醫身、修身、娛身的效果，受到世界各國、社會各界的由衷喜愛。楊氏太極拳是最早走向社會、被人們最廣泛接受的太極拳領域中的奇葩。

　　祖籍楊氏太極拳發祥地——河北省永年縣廣府城的趙幼斌先生，是「三代楊無敵」中楊氏太極定型者楊澄甫先師的外孫一脈。他接受楊家嫡傳，一生對楊氏太極拳探求不輟，領悟頗深，悉心傳播，成就斐然，是國內外知名的楊氏太極拳第五代中的太極大師。

　　趙幼斌先生適應21世紀人們生活方式和工作方式發生的本質變化，應廣大太極拳愛好者的需求，編創了楊氏太極拳精簡28勢。這一套路，像濃縮的盆景，用較小的體量，呈千山萬壑之氣象，包涵了楊氏太極拳的精華。它可以滿足表演、參賽、健身、練功等多個層面的需求，也是走進傳統楊氏太極拳殿堂的通道。

　　願楊氏太極拳為人類帶來更多福祉！

中國邯鄲國際太極拳聯誼會秘書長
翟金錄

出 版 說 明

　　太極拳運動已在全國上下、世界各地廣泛開展起來，成為全民健身和弘揚中華傳統文化的一道靚麗的風景線。楊氏太極拳以其動作舒展大方，速度勻緩得宜，健身練功兼備的特點，深受廣大群眾歡迎，因而楊澄甫先師定型的「85式」套路廣為流傳，本人多年來也以教授「85式」為主。為適應廣大太極拳愛好者參加太極拳比賽和表演的要求，曾經1997年編寫「楊式太極拳精簡37式」，幾年來的實踐表明「精簡37式」也深受太極拳練習者歡迎。尤其是參加有關比賽和表演都取得好的效果，較好地滿足了社會要求。但是，近幾年來隨著太極拳運動的深入開展，各地紛紛組織舉辦各種武術、太極拳比賽等活動，一般都將傳統套路的比賽時間限定 5 分鐘之內，這樣「37式」略顯時間較長。為進一步滿足廣大群眾習練楊式太極拳，參加太極拳比賽和表演，現經過反覆推敲，在「37式」基礎上，創編出「楊氏28式太極拳」。這一新套路具有如下特點：

　　1.保留了「85式」的主要內容。展示楊氏太極拳傳統套路的風格、要領和神韻。

　　2.動作緊湊，內容集中，編排順達，佈局合理，既概括了傳統套路的精髓，又與國家比賽要求一致。

　　3.文字表述通俗易懂，簡潔明瞭。針對動作要領給以說明，而對拳理及應用概不繁述，故而適於初學者練習，也適於短期培訓班做教材，既可為學習「85式」打下較好的基礎，又可參加各級武術、太極拳表演和比賽。

本書承蒙南開大學太極拳研究會李建珊、吳振清、李勝林、陳敏老師不辭辛勞、鼎力相助，以及學生王萍、張健、曹紅娟的幫助，才得以儘快與大家見面，在此深表感謝。「28式」套路在香港地區首先試練，並由學生左秀玲等在香港太極拳國術比賽中取得了殿軍的好成績，在此也向香港的諸位拳友表示感謝。時逢中國邯鄲國際太極拳秘書長翟金錄先生亦在南開講學，並為此書撰序，這裏一併表示謝意。

趙幼斌

2002年8月於南開大學

作者聯繫方式：

陝西省西安市東關樂居場正街155號　唐成玉收

郵政編碼：710048　　電話：（029）2223589

楊氏28式太極拳動作名稱

楊氏28式太極拳動作路線圖

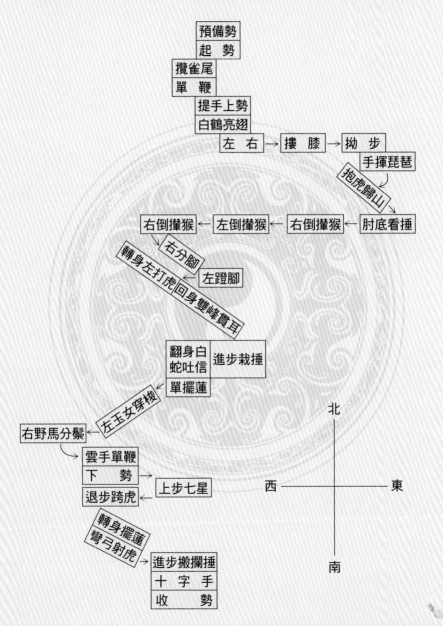

預備勢
起　勢
攬雀尾
單　鞭
提手上勢
白鶴亮翅
左　右 → 摟　膝 → 拗　步
手揮琵琶
抱虎歸山

右倒攆猴 ← 左倒攆猴 ← 右倒攆猴 ← 肘底看捶
右分腳
轉身左打虎回身雙峰貫耳
左蹬腳

翻身白蛇吐信　進步栽捶
單擺蓮

左玉女穿梭
右野馬分鬃
雲手單鞭
下　勢 → 上步七星
退步跨虎

轉身擺蓮彎弓射虎
進步搬攔捶
十字手
收　勢

北
西 ── 東
南

第1式 預備勢

　　面朝南，兩足併立，兩臂自然下垂，腋下留有空隙。兩掌心朝內，五指自然伸直。頭正直，目平視。
（圖1）

【要領】

　　心靜體鬆，周身骨節、肌肉、內臟在意識的引導下，自然鬆弛，形成上虛下實。做到「立身中正安舒」，並貫穿於整個套路動作之中。

第2式 起勢

　　左腳輕提，向左平移一腳許，先腳掌後腳跟落地踏實，同肩寬，身體重心相隨地移至兩腿中間（圖2）。

　　兩臂緩緩向前平舉至肩高，同肩寬。同時臂內旋使兩掌心朝下，五指朝前（圖3）。

　　隨即兩肘下沉，帶回小臂漸向下按至兩胯旁前，掌心朝下，五指朝前。眼平視（圖4）。

【要領】

　　兩手平舉時，應以兩手中指領勁，帶動腕、小臂、大臂，並徐徐吸氣，身體有拔長、內力充實之感；落臂時，肘尖下沉，帶回小臂，並緩緩呼氣，使內氣沉入丹田。同時注意舉臂時腳跟勿起，落時腿勿蹲，應使周身骨節「寓動於靜，靜中求動」。

第3式 攬雀尾

(一) 左 掤 勢

兩膝微屈，身體略沉，兩掌稍向
左向上微起（圖5）。

右腳尖外撇 60～90 度，身體隨
轉，重心移於右腿屈膝坐實，左腳跟
隨之領起。與此同時，右掌隨轉體經
腹前向上、向右至右胸前，掌心先朝
裏，再漸內旋，使掌心朝下；左手隨
轉體向右平抹，掌心朝下，與腹同高
（圖6）。

前勢不停，右掌向外向右向裏抹
一小平圈，掌心仍朝下，左手也同時
經腹前向右弧形抄至右掌下方，隨抄
隨著臂外旋使掌心朝上，與右手成抱
球狀；同時左腳離地虛領（圖7）。

左腳向正南方邁出一步，先以腳跟著地（圖8）。

隨之身體轉朝西，左腳尖內扣約30度踏實，然後重心移向左腿，蹬右腿成左側弓步勢，此時的左腳尖同右腳心在一條直線上；隨弓步左小臂向左上弧形掤出，左掌高與肩平，掌心朝右偏上，左肘與腕平略低，肘尖與左膝齊；右掌向右下採，掌心朝下，坐腕，手指朝前。眼神顧及兩掌前視（圖9）。

【要領】

　　1.在敘述手眼身法步的動作時雖有先後，但身體各部必須同時開始和同時完成，做到協調一致，「一動無有不動，一靜無有不靜」。

　　2.兩手臂橫向拉開時，要「開中寓合」，兩手掌要有內合之意，不要向外散。

　　3.左膝要與左腳尖齊，勿裏扣，右腿勿太屈或繃直，兩胯要沉坐。

（二）右掤勢

重心移向左腿，右腿自然領起，腰稍左轉。同時左臂內旋，使掌心朝下移於左胸前尺許，右掌隨之由右向左經腹前弧形抄至左手下，臂外旋使掌心朝上，與左手成抱球狀，兩臂呈弧形（圖10）。

右腳向正西邁出一步，先以腳跟著地，隨著重心前移而全腳踏實。（圖11）

右腿弓，左腿蹬成右弓步勢。同時右小臂由下向前上掤，掌心朝內，高與胸平，左掌隨右臂略向下向前推送，掌心朝前下，兩手腕部前後距離約一肘為度。眼神先顧及兩手左側抱球，再隨右掤前視（圖12、附圖12正面圖）。

12附

【要領】

　　凡邁步（或撤步），必須分虛實，即以坐實之腿來控制所邁之步，先以腳跟（或腳尖）輕著地，感到實了，然後再鬆腳腕，緩緩移動重心，做到「邁步似貓行」；凡弓步，所弓之膝前不超過腳尖，後則以垂直於腳跟為度，腳尖要正，膝與腳尖方向一致。後腿膝關節不能挺直，也不能太屈，而應寓意於直中有鬆。兩腳橫向距離約肩寬，不能在一條直線上。要圓，手臂不要前伸，肩關節不可前探，身體不可過於前仆，胯要沉且開。

13

（三）攦(捋)勢

　　兩臂稍前展，同時右臂內旋使掌心朝左下，左臂外旋使掌心朝右上，腰胯微鬆沉（圖13）。

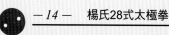

重心坐實左腿，成右虛步，同時身體微左轉（圖14）。

兩臂隨體向左向後粘攦，左手在左肋前，右手仍與左手保持一腕肘距離（圖15）。

【要領】

重心後坐時應注意膝開、襠圓、鬆胯，前腿膝關節不能挺直而要微弓，回攦時兩掌不外豁，也不要向下攦，兩肘尖鬆活，腋下要空。

（四）擠　勢

　　身體微右轉，重心漸前移。同時右臂外旋使掌心朝裏，左臂內旋使掌心對右肘窩（圖16）。

　　兩腿漸成右弓步勢，左手漸向右小臂內合擠（圖17）。

　　隨著弓步右手前擠，左掌移向右掌脈門處，若即若離。眼向前視。（圖18）

【要領】

　　擠勢初動時腰胯微右轉，雙手擠出時身向正前方，注意沉肩墜肘，拔背落胯。

　楊氏28式太極拳

（五）按　勢

　　右臂內旋使掌心朝下，左掌心經右掌上平抹，隨即兩掌分開，稍窄於肩（圖19）。

　　身體重心後移成右虛步，同時屈肘撤掌上提，隨撤隨著臂外旋使兩掌心稍相對（圖20）。

　　兩掌腕稍內旋下沉，落於胸前。（圖21）

接著重心前移成右弓步,同時兩掌向前微向上弧形推出,臂隨推隨內旋使掌心漸朝前,坐腕,指尖朝上,掌心與肩平。眼神先關顧兩掌回抹,再隨按出前視(圖22)。

【要領】

重心後移時腰胯要鬆活,後坐時臀部勿撅,前腳尖勿翹,身體保持中正。兩臂回屈肘不夾肋,前伸不要過直。

第4式 單鞭

右腿重心不變,兩掌展平,掌心朝下(圖23)。

右胯微沉，腳尖微翹，然後右腳尖隨右腿盡量內扣，同時身體左轉帶動雙臂向左抹轉半個平面橢圓至東南方向與左腳齊，兩掌保持同肩高寬。（圖24）

身體微右轉，兩掌屈肘微收，經胸前向右抹轉半個平面橢圓，兩掌心仍朝下（圖25）。

重心全部落實右腿，左膝領起使左腳離地自然下垂。同時右掌向右斜方伸出，同時五指尖漸撮攏，指尖下垂成吊手，左掌臂外旋使掌心朝裏。（圖26）

身體向左微轉，左腳向正東方邁出，先腳跟落地，再全腳踏實。（圖27）

重心左移成左弓步勢。同時，右吊手繼續鬆肩右伸，左掌經面前隨左腿方向內旋向上弧形展出，掌心朝前，坐腕與肩高。眼隨左手前視。（圖28）

【要領】

1.由右向左轉體，右腳腕與右胯放鬆，手、腰、腳同時左轉。

2.旋轉時身體要正，去時胸不俯，回時身不仰。還要注意身勢平穩，不可忽高忽低。

3.定勢時，左手尖、鼻尖、足尖方向一致，叫三尖相對。右手尖與右腳尖相對，叫上下相垂。對身體的整體，要求做到「外三合」，即「肩與胯合，肘與膝合，手與足合」，同時要求做到肩沉、背圓、胯落。

第5式 提手上勢

左腿重心不變，腳尖內扣45度落實，身體隨之自然右轉。同時，左手隨左腳內扣稍裏收，右吊手變掌，與左手同時掌心朝下，墜肘，兩臂微合於兩肋旁前（圖29）。

接著右腳提起，向身體正南一步偏右落地，腳尖自然翹起，右膝微弓成右虛步。隨著右腳邁出，兩掌合勁，向身體前方偏右伸出，右掌在前，高與鼻齊，掌心向左。左掌在後，掌心朝右，正對右肘關節。眼神顧及兩掌動作，成提手時通過右掌前視。（圖30）

腰稍左轉，左掌內旋使掌心朝下與左胸齊，右手向下鬆落弧形抄至左手下側，掌心朝上與左手略成抱球狀（圖31）。

隨之右腳稍提，腰身仍微左轉，兩手仍抱球（圖32）。

右腳落原地，先腳跟著地。（圖33 ）

隨右腳落地，腳尖內扣 30 度踏實，重心漸移向右腿成右側弓步勢。同時隨弓步右臂向右靠擠，右掌與肩平，掌心朝左。左手坐腕，附於右肘關節裏側。眼神先顧及右臂靠擠，再隨右掌前視（圖34）。

【要領】

凡虛步，後腿重心十之有九，前腳十之有一，實腿要鬆胯坐實，虛腿腳腕、膝均要放鬆，前腿之膝不能伸直，也不能太屈。身體不可前俯，臀部不可突出。也要注意「外三合」要求，身體稍偏左「肩與胯合」；手腳上下呼應「手與足合」；雙膝微開襠圓，兩肘不抬不夾，鬆緊有度，自覺上下勢渾，「肘與膝合」。在做靠擠動作時，身體不能過右，肩不可聳起，肘不過屈。

第6式 白鶴亮翅

腰微右轉，使重心落於右腿，左腳稍提起，移至右腳前（圖35）。

左腳掌輕著地，膝微弓。隨著左腳著地，腰隨和地朝正東轉正；同時右掌向前上弧形提起，臂隨提隨內旋，使掌心翻向前，指尖朝左上，停於右額前上側。左掌也同時弧形下落於左胯旁前，掌心朝下，指尖向前。眼神顧及兩掌上下分開，即向前平視。（圖36）

【要領】

由前勢過渡到白鶴亮翅，其勢要連貫，要有朝上的氣勢，但右腿仍要下坐，沉氣落胯腰拔起，應有上下對拉、肢體拔長之感。定勢時，重心不可過於偏右，左肘尖不可過背，不可外翻，也不要夾肋，要自然鬆沉。右肘尖不可翻起，也不要故意下落，意在沉肩，臂圓，掌撐。

第7式 左右左摟膝拗步

（一）左摟膝拗步

右腿重心不變，腰右轉約30度，右掌自上而下臂外旋，經面前、胸前弧形下落（圖37）。

右手下落至右胯旁，掌心朝裏上。同時左掌也自下而上弧形移至胸前中線（圖38）。

腰身仍右微轉，左腳提起，腳尖自然下垂，右手仍弧形向右斜角上移，高與肩齊，掌心朝上。左手繼續向右弧形落於右肋前，掌心朝下。眼神隨右手，顧及左手（圖39）。

左腳向前邁出一步，先腳跟落地，左掌向前下移至腹中線，掌心朝下，而右掌同時向肩、耳旁移動，內旋使掌心朝前下，同時腰身稍向左鬆轉（圖40）。

接著左腳踏實漸成左弓步勢，左掌經膝前上弧形摟至左膝旁，掌心朝下，五指朝前。而右掌同時向前沉肘腕推出，掌心朝前，與右肩窩齊，五指朝上，高不過口。眼隨右掌推出前視（圖41）。

（二）右摟膝拗步

動作與「左摟膝拗步」同，唯方向相反，但要注意由上動變「右摟膝拗步」時，重心不向後移，仍以左腳跟為軸，左腳尖外撇 45 度，重心前移，起右腳，腰左轉，同時左肘微鬆動後移，臂外旋，使掌心漸翻朝上，右掌也自前向左微弧形後移（圖42）。

　　與（圖39）動作相同，唯左右方向相反（圖43）。

　　與（圖40）動作相同，唯左右方向相反（圖44）。

　　與（圖41）動作相同，唯左右方向相反（圖45）。

（三）左摟膝拗步

與（圖42）動作同，唯左右相反（圖46）。

與（圖39）動作同（圖47）。

與（圖40）動作同（圖48）。

49

與（圖41）動作同（圖49）。

【要領】

1. 凡上步或連續上步時，重心都不向後移。注意實腿換步時，前胯根要有鬆沉之感，使重心直接落於實腿腳跟，腳掌就會自然變虛，然後開胯外撇腳尖，再上步自然就會實中有虛，輕靈沉穩，切忌故意蹲腿和用實腿膝尖帶腳腿外擺。

2. 注意四肢要隨合協調，「一動俱動，一到俱到」，摟膝、推掌、弓步同時到位。動作姿勢要高低平穩，不要出現身體後仰前俯的現象。

50

第8式 手揮琵琶

重心稍前移，右腳輕提，右掌稍前送（圖50）。

右腳向前一腳許落下，同時，右手稍後移（圖51）。

隨後重心移於右腿，左腳稍起距原地向前一腳許落下，腳跟著地，腳尖微翹成左虛步勢。隨重心後移，右手向右胸前下回採，臂外旋使掌心朝左，左掌由下向前上弧形上舉，臂外旋使掌心朝右，高與眼眉齊，兩手如抱琵琶狀，此時右手掌心正對左肘。眼神顧及右掌後撤，隨即通過左掌向前平視（圖52）。

【要領】

重心一前一後的虛實轉換要求上體正直，不可前俯或後仰，兩手折疊時要隨著鬆腰拔背兩臂微向前送，有意氣下沉，勁往前發之勢。

第9式 抱虎歸山

　　右腿重心不變，體右轉，左腳尖內扣約135度，同時右手稍上移至鎖骨前，隨移隨臂外旋，使掌心朝裏；左手同時內收至右手裏側，腕部相交，掌心朝裏，過渡成十字手勢。（圖53）

　　接著身體重心移向左腿，仍屈膝沉坐。同時，左臂以肘帶手自胸前向左下，再向左斜角弧形上展（圖54）。

　　左掌隨展掌心翻朝右上與肩齊，右掌內旋向左胸前下沉，掌心朝下坐腕。此時，右腿隨左手上展自然提起。眼神關顧左手上舉（圖55）。

鬆腰胯，體右轉，右腳向西北方邁出落下，同時右掌心朝下，左臂屈肘使掌至左肩耳旁（圖56）。

隨即弓步成右弓步勢。右掌經左膝前上向右摟至右膝旁，左掌自左肩耳旁向前推出。眼神顧及右掌摟膝及向前平視（圖57）。

【要領】

做動作（圖54）重心左移、左手肘向左下抽動時，腰身要向左移動，並注意肘腰之間意氣相連。

第10式 肘底看捶

右腿重心不變，右手由下向前上平舉與左手平，兩掌心朝下，同肩寬（圖58）。

然後按單鞭的前半個動作，兩手隨右腳尖內扣，向左向外平抹至左腳正上方（圖59）。

接著雙手再向裏向右平抹，與上一動作共同完成一個平面橢圓。眼神顧及雙手平抹，重心仍在右腿（圖60）。

接著左腳提起，右掌向右斜方坐掌伸出，左掌臂外旋使掌心朝裏抱於胸前。眼隨右掌平移（圖61）。

腰身向左鬆轉，左腳向正東擺出落下，兩臂隨轉體向左平移（圖62）。

重心漸移於左腿，左臂稍向前掤（圖63）。

右腳隨即輕提，稍向右前移動半
腳許，同時左臂繼續前掤並外掤，右
手坐掌前隨（圖64）。

隨即右腳落地重心移於後腿，同
時左掌向左下弧形翻轉下採，臂內旋
使掌心朝下，而右掌平移至正前方，
掌心朝下。此時身體重心正過渡於右
腿（圖65）。

當重心全部落於右腿時，左腳隨
之略提。當左腳提起時，左掌自下向
裏經右臂內側向前上圓轉穿出。
（圖66）

左腳稍向前移，腳跟著地成左虛步。左手穿出，五指朝上，掌心朝右，高於鼻齊。同時右掌經左掌外側下蓋，隨蓋隨握拳置於左肘下，拳眼朝上，拳心朝裏。眼神顧及左掌纏繞，勢將定時向前平視（圖67）。

【要領】

1.兩腿的虛實轉換，要像蹺蹺板一樣此起彼落，注意身體平穩，不要忽高忽低。

2.雙手運動中總要一手去一手跟，相連相隨，圓活飽滿。

3.注意腋下要空，肘不夾肋。

第11式 右左右倒攆猴

（一）右倒攆猴

重心不變，左腳輕踏實，同時左掌稍外旋前伸，右拳變掌，由肘帶掌外旋後抽使右掌移至右胯旁，掌心朝上，五指朝前。眼神關顧左掌前伸。（圖68）

　　重心全部移於右腿，左腳提起虛懸，腰身隨之右轉。同時，左小臂仍外旋前伸，掌心朝上，右肘繼續後抽，右掌隨抽隨向右斜角弧形撩起，掌心朝裏上，高與肩齊。眼神關顧右掌後舉（圖69）。

　　左腳後撤一步，稍偏左落下，先以腳尖輕著地，同時腰微左轉，身體朝正前方。隨轉腰左肘微抽沉，右掌向上弧形收至肩耳旁，掌心朝裏下。眼前視（圖70）。

　　左腳跟內收落地，重心漸移向左腿。隨重心後移，右腳尖向左擺正落實成右虛步勢。同時左肘繼續後抽，使左掌移至左胯旁，掌心朝上，五指朝前。右掌從耳旁向前推出，沉肘坐掌，掌心朝前偏左，高與鼻齊。眼神顧及右掌前推（圖71）。

（二）左倒攆猴

　　動作與（圖69）同，唯左右相反（圖72）。

　　動作與（圖70）同，唯左右相反（圖73）。

　　動作與（圖71）同，唯左右相反（圖74）。

（三）右倒攆猴

動作與前「右倒攆猴」動作（圖69、70、71）同（圖75、76、77）。

【要領】

退步時必須一腿坐實，控制另一腿的後退。後腳落步時，先以腳尖輕著地，似有先探虛實之意：虛了即能收回，實了漸次落下。支撐腿要始終保持原來的高度，速度也要保持原來的速度。兩臂圓轉運動時，始終注意雙肩要平，同時貫穿鬆肩、沉肘、坐腕的要求。

第12式 右分左蹬腳

78

（一）右分腳

重心後移，右腳微起，腰微右轉。同時右小臂微內旋下落，掌心稍朝下，左肘繼續後抽，帶動左掌向左斜角弧形撩起，掌心朝裏上，高與肩平。眼神關顧左掌後舉（圖78）。

79

重心全部移於左腿，右腿提起，左手上弧形經面前落於胸前，臂稍外旋使掌心朝裏，右手下弧形經腹前上抄至胸前，臂外旋使掌心朝裏，兩手在胸前十字交叉，右手在外左手在裏，高與鎖骨齊（圖79）。

80

左腿漸立，仍直中有屈，右膝稍上領，同時兩掌內旋使掌心朝外下。（圖80）

接著，右腳向右斜方（東南）分出，腳面自然繃平，高與胯平。同時，兩掌稍上弧形前後分開，左掌在後高與頭齊，右掌與右腳方向一致高與眼齊，沉肘坐腕，指尖朝上。眼隨右掌前視（圖81）。

（二）左蹬腳

右腳下落虛懸，左腿漸下蹲。同時左掌屈肘向右弧形移至胸前，掌心朝下，右掌臂外旋使掌心朝上，並隨體沉而沉肘下落在右膝上（圖82）。

右腳向右前方（東南）邁出，漸成右弓步勢。同時右掌隨邁步向左向前抹轉平弧，而左掌經右臂上向前、向左抹展，左臂向左斜方（東北）展出，掌心朝下，右掌在左肘裏側橫於胸前，掌心朝裏上。眼神隨左掌抹轉前視（圖83、84）。

重心漸移於右腿，左腳提起，右
掌微向上移與鎖骨齊，左掌自左而下
弧形抄至右掌外側。左臂隨抄隨外
旋，在右手外側與右手呈十字交叉，
兩掌心朝裏（圖85）。

右腿漸立，仍直中有屈，左腳提
起，再向左側（正東方向）蹬出，腳
尖翹起，高與胯平。同時兩掌內旋，
稍上弧形前後分開，右掌在後高與耳
齊，左掌與左腳方向一致，高與肩齊
（圖86、87）。

【要領】

　　右分左蹬腳的虛實、開合、起落俱要做到「以腰為軸」、「上下相隨」、一動無有不動」和「意氣相隨」、均勻柔順的要求。比如右分腳：當重心移於左腿時，腰要同時向左鬆轉而帶動右腿提起，右腿提膝應與腰齊。同時左手收、右掌捋抄，隨腰而合。此時應注意左手與右手、腰、腿一動俱動，一靜俱靜。此時為合、為蓄、為起；當右腿分出、兩掌前後分開時，左腿仍需徐徐起立，胯根微收，腰微右轉，襠微開。同時做到：腰鬆氣沉，背長胸含，肩鬆肘舒。此時為開、為發。配合以吸呼，意注內外三合，方能做到神形合一、順遂穩定、立身中正安舒。

第13式 轉身左打虎

　　左腳下落虛懸，右腿漸屈蹲，同時左手由上向下向右畫弧，臂內旋使掌心朝下移至右腰前。右手掌心翻朝下落至身體右側，兩手方向為東南，同腰齊。隨兩手下落，右移腰身稍向右鬆轉。眼隨右掌移視（圖88）。

腰身稍向左轉，同時帶動右腳尖內擺90度落實，使腳尖朝東北，兩手臂也隨之向左平移（圖89）。

接著左腳向西北方邁步，同時左掌自右腰前向下經左膝上方向左畫弧，右掌隨腰向左平移（圖90）。

左腿漸成左弓步勢。左掌繼續向左向上畫弧，邊畫弧邊握拳使拳心翻朝外，停於左額前上方，右掌同時漸握拳自右向前向左平面畫弧，屈肘橫臂，置於胸口前，拳心朝裏，兩拳眼上下相對。眼先隨左拳，隨勢定而前視（圖91）。

【要領】

1.凡轉體時，實腿都要鬆沉，虛腿略開胯，由腰腿牽動實腿隨轉，勿用實腿硬轉。

2.要注意上下協調，要一邊邁步，一邊鬆轉腰，兩臂隨勢左移，要邊弓步邊兩臂畫弧，腿弓到了，兩臂動作也同時完成。

第14式 回身雙峰貫耳

　　左腿重心不變，左腳尖內扣 90
度，同時兩拳變掌下落與左腰平，右
掌心朝上，左掌心朝下（圖92）。

　　接著右腿提起，腰胯向右鬆轉，
使身體朝東南方，並帶動兩臂向右平
移（圖93）。

　　兩臂稍上平移轉至胸前，同時左
手臂外旋使掌心與右掌一致朝上，並
隨右膝上提，使兩掌內側與膝微合。
（圖94）

右腳向前（東南）邁出一步，兩肘下沉帶動兩掌背下落，自胸前經右膝上方向兩旁沉落分開（圖95）。

右腿漸成右弓步勢。隨弓步兩臂內旋向前上方畫弧，兩掌漸握成拳以虎口相對，兩拳相距與臉寬，稍高於頭。眼神關顧兩掌成拳相合前視。（圖96）

【要領】

1.兩掌下落要與右轉體提膝勁力相合。

2.右腳邁步時要襠勁下沉，兩掌以整勁沉著鬆淨地落下、畫開。兩拳向上時切忌兩掌外翻，勁起腳跟，由腿而腰而背，節節貫穿於兩臂兩拳。

第15式 進步栽捶

　　重心全部移於右腿，左腳提起，腰隨之稍右轉。同時右拳下落，向後畫弧停於右腰間，拳心朝下，左拳變掌，隨右手下落於腹前，腕肘呈弧形，掌心朝下（圖97）。

　　左腳向前邁出一步，右拳稍外旋使拳心翻朝裏上，左掌沉腕稍向前下伸出（圖98）。

　　接著弓左腿，左掌向前向左摟至膝旁，掌心朝下，五指朝前，而右拳向前下方打出，拳心向左。眼俯視前下方（圖99）。

【要領】
　　弓步、摟膝、打拳，要注意先摟、再擊、弓步相隨。不可先弓步後摟擊。折腰時，自頸脊到腰脊仍要保持成直線，不可弓背、低頭或抬頭。

第16式 翻身白蛇吐信

身體直起右轉（朝南），左腿重心不變，使腳尖盡量內扣。隨轉體，右臂內旋，右肘稍向上、向右下弧形平移至右肋旁，使右拳橫於胸前，拳心朝下。同時左掌自下而上弧形上舉於左額前上方，掌心朝外。眼隨轉體平視（圖100）。

重心全部移於左腿，右腳提起，身體仍向右鬆轉。同時，左掌經臉前由右小臂外弧形下落，右拳略向上向右前撇（圖101）。

右腳向前邁出一步，先腳跟著地。同時右拳漸變成掌，向前弧形撇出，掌心朝上，五指朝前，與鎖骨高，左掌由右小臂外稍向下向裏向上繞一淺半弧，停於右小臂裏側。（圖102）

接著右腳落實漸成右弓步勢，右肘後移，帶動右掌弧形下沉收於右腰側，掌心朝上。同時左掌由胸前向前推出，坐腕，高與肩平。眼顧及左掌前推平視（圖103）。

【要領】

由進步栽捶到翻身白蛇吐信，動作在意識上要貫通相連，整個動作要環環相扣，不可有停頓斷勁之處。

第17式 單擺蓮

重心不變，左臂外旋，左掌微前探，掌心向上，同時右手提起，內旋翻掌經胸前弧形插到左腋下，使掌心朝下。眼神關顧左掌上翻（圖104）。

鬆左胯根，左腿微曲，左腳跟微內收。同時重心後移，右腳尖內扣，左臂內旋，掌心翻朝下（圖105）。

隨之腰將右腿領起，右腳亦隨腰而起，迅速自下而左、而上、再向右弧形擺出，同時左掌迎擊右腳面，左腿也隨之長起（圖106）。

繼而右腳下落提膝虛懸，左腿屈膝沉坐，左手隨之平落於身體左側，掌心朝下與腰平，右手此時稍下沉於左腹前。眼神關顧右腳擺出而前視。（圖107）

【要領】

1.此勢為楊澄甫先師定型「楊氏太極拳套路」前的「十字腿」動作，即「單擺蓮」。單擺蓮與後面的「雙擺蓮」一樣，用右腳的外側橫勁向外擺出，無論是用單手拍腳或用雙手拍腳，都是腳拍手，手掌迎擊腳面而已。拍出的聲音，也只是增強腿部發力，增加威懾效果，並無實際意義。

2.在身體重心向左移轉時，身、腰、胯、腿、膝等諸關節要上下隨動，要鬆活平穩，勿使有死勁，勿使有起伏。兩臂由前到後，肩、肘、手以及腋下均有鬆活圓順之意。左掌平移時，勁點在小手指側，隨著翻掌要有壓合之意，有封、拉、採、拿、帶之意。

第18式 左玉女穿梭

　　腰右轉，右腳向右前方（西，稍偏北）上步，先落腳跟。同時右掌隨轉身經胸前臂外旋向右上弧形掤起，左手下弧形落至腹前（圖108）。

　　接著弓右腿，起左腿，左腿經右踝內側向前虛懸。同時右掌稍沉肘回收，使掌心朝裏上，左掌經腹前移至右小臂下側，掌心向裏下（圖109）。

　　左腳向西南方邁出一步。隨左腳邁出左掌經右小臂下向前微上掤，掌心仍朝下，右掌同時向右腰間沉抽，掌心仍朝上（圖110）。

重心漸前移成左弓步勢，同時左小臂內旋上掤使掌心朝外停於額前，右掌同時內旋向前坐掌推出，掌根與胸口齊。眼隨左臂上掤前視（圖111）。

【要領】

穿梭過程中，手向上掤翻時防止肩上引、肘上抬。掤手、推掌與弓步協調一致，專注一方。

第19式 右野馬分鬃

重心不變，體微左轉，右腳稍外撇踏實，接著重心全部移至左腿，右腿提起。同時左臂稍外旋、下沉收落於胸前，掌心向下，右掌臂外旋，使掌心翻朝上，與左手相對成抱球狀。（圖112）

右腳不停，向前邁出一步，先以腳跟著地。同時兩臂攏抱，使左掌心對右肘，右掌心對左肘（圖113）。

接著，右腿弓步，右掌向前上弧形，掌心斜向上，高與肩齊，右手與右腳上下對齊，方向一致；左掌向左下弧形採於右胯旁前，肘微屈掌微坐（圖114）。

【要領】

移重心，起後腿，注意腰胯隨之向左平穩鬆轉；兩臂攏抱時注意斂臀，背圓臂合，腋下鬆空；兩臂前後分時注意由腿而腰而背而肘而手節節相隨貫穿，肩勿起，身勿仆。

第20式 雲手單鞭

左腳跟內收，使腳尖朝正南，重心左移。隨重心左移，腰身左轉，右腳尖內扣，同時左手由左胯旁臂外旋逆時針屈肘弧形上挪與胸齊，掌心朝裏，右手臂內旋由上向下弧形落下，與右胯平，掌心朝下。眼隨左臂前視（圖115）。

腰身繼而微左轉，右腳先腳跟後
腳尖離地提起，同時左掌向左上逆時
針弧形運展，臂隨運隨外旋使掌心翻
朝左前，坐掌，與肩平；右掌則順時
針向左上運轉，右臂漸外旋，使掌心
翻朝裏與左肘對齊，兩臂呈弧形。眼
隨體左轉移視（圖116）。

右腳下落於左腳旁，腳尖成45度
內扣踏實，接著重心移於右腿，左腳
提起，同時右掌向右斜方平展，臂內
旋使掌心朝下，五指漸撮攏成吊手，
左掌則向下、向右、向上、臂內旋抱
於胸前，使掌心朝裏（圖117、118）。

　　動作與第4式單鞭動作（圖27）相同（圖119）。

　　動作與第4式單鞭動作（圖28）相同（圖120）。

【要領】

　　1.雲手兩臂運勢要自然、鬆展、圓活、緊湊；四肢運動和身體轉動均要以腰為軸，腰隨手走，步隨身換，緩緩轉動，徐徐呼吸，注意立身中正、胯沉、勢平和、呼吸順遂舒暢的要求。

　　2.單鞭動作要領參見第4式單鞭動作要領。

第21式 下　勢

右腳尖外撇踏實，重心稍後移，右吊手不變，隨右腳外擺而微後移展，左手外旋使掌心朝右，手指朝前。（圖121）

接著重心繼續後移，左臂漸屈肘裏收下沉於胸腹間，左掌仍坐腕。（圖122）

右腿漸屈膝下蹲成左仆步，同時左掌五指朝前，經腹前弧形而下，由左腿裏側前穿。眼隨左掌前視。（圖123）

【要領】

當右腳尖外撇、重心微後移時，周身骨節均需鬆開，重心亦應往後下落，而不是向右腳上坐。重心下落時身要正，不要前俯。左肘回轉時，肩肘鬆活，並以腰引肘，肘帶腕，柔順圓活，勿使有死點。右臂吊手應舒展而隨體平落，勿使彎肘或高起、低下變形。

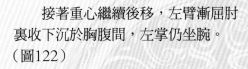

第22式 上步七星

左掌由左腳內側向前上穿出，高與襠齊，掌心朝右，五指朝前；右手變掌，同時下落於右胯旁，掌心朝裏。與此同時，左腳尖外撇 45 度踏實，左膝漸前弓，右腿漸蹬成左弓步勢。眼隨左掌前視（圖124）。

繼而，右腳提起，同時左掌漸變拳收至胸前，右掌漸變拳向前至腰際（圖125）。

接著右腳向前半步落下，腳掌落地成右虛步勢。兩拳同時相合，腕部相交，右拳在前，左拳在後，微向前掤撐，高與鎖骨齊。眼神隨兩拳前視（圖126）。

【要領】

「七星」指人體的頭、肩、肘、手、胯、膝、足這七個部位。動作要求做到「分清虛實」、「手腳相隨」，勁掤而不僵，體鬆而不軟。

第23式 退步跨虎

　　左腿仍屈膝坐實，右腳稍提即向
右後撤一步，先以腳掌輕著地。同時
兩臂稍向下鬆沉，兩拳漸變掌，右臂
外旋，使掌心朝上，左掌心朝下，兩
腕部仍相交，兩臂呈弧形（圖127）。

　　接著右腳跟內收落實，重心後
移，兩掌亦隨之鬆落於右腹前。
（圖128）

　　左腿隨勢領起，腰向右隨轉，兩
掌下落分開，右掌向後向右外側弧形
展開，左掌稍向前下沉。眼隨右掌移
視（圖129）。

繼而腰左轉使身體朝正前方，左腳虛步下落，腳掌著地。同時右掌仍弧形上舉於身體右側上方，高與頭齊，掌心朝前，左掌隨體轉自前而左弧形落於左胯旁前，掌心朝下，手指朝前。眼先關顧右掌向右畫弧，隨勢定而前視（圖130）。

【要領】

　　左右腿的虛實轉換乃腰胯的旋轉要順遂自然，身體不可忽高忽低、或俯或仰、或左右偏擺。兩臂在沉落旋轉開展之中，要舒展圓活，與腰腿配合自然。

第24式 轉身擺蓮

　　左掌自左胯旁向外向上畫弧，右掌自上稍向裏弧形稍下落（圖131）。

左掌仍向上，弧形移至左額前，掌心朝前，右掌經右肋旁推至胸前，掌心朝左前，兩臂呈弧形，兩腿仍成左虛步，但腰胯要鬆活（圖132）。

重心仍在右腿，以右腳掌為軸，腰身向右後轉，帶動左腿內旋。同時右掌稍起，左掌稍落（圖133）。

兩掌向右後運轉，右掌從左臂內側隨起隨展高與鼻齊，左掌漸落與胸平，兩掌心皆朝下。眼隨右掌前視。（圖134）

隨身體右轉不停，左腳略踩地而起向右掃擺至西北方落下。此時右手仍在上在前，左手仍在下在後，兩手臂方向朝東南，身體朝東北，兩腳尖也朝東北，重心仍在右腿。眼朝右手方向前視（圖135）。

接著身體重心移向左腿，腰微左旋，兩臂稍沉落（圖136）。

隨即領起右腳自右向左向上弧形擺起，隨擺隨著長腰、身起，繼而右腳向右擺出，腳面略繃平；同時兩掌自右向左迎擊腳面，先左掌後右掌。（圖137）

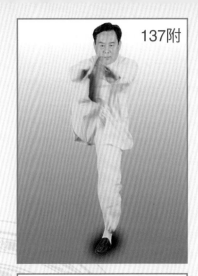

137附

138

隨勢兩手移至身體左側同腰齊，左掌心朝下，右掌心朝上，左腿略下蹲，右腿微沉虛懸。眼隨兩掌迎擊而左視（圖138）。

【要領】

做「轉身擺蓮」動作要充分體現楊澄甫先師曾說過的「柔腰百折若無骨，撒去滿身都是手」的精闢論言，其要點在「柔腰」。比如：做動作（圖131）時，兩臂圓轉，左虛步勢雖不變，但要膝屈襠圓，胯落腰鬆，注意腰際間順勢動而內隨，氣息調節，勁貫四梢，內力充實。當身體旋轉時，要重心全部落於右腳掌，沉胯，內氣潛轉，腰身右旋，由兩肩肘鬆柔的起落右運，帶動腰圍向右平移轉，而左腳略踩地即起，隨腰外旋，促身圓轉。整個旋轉動作，皆以腰胯為動源，臂領腿促，上中下協調一致，鬆活自如，穩定平衡。而不是單靠扭身或靠左腿的畫圈拋動使其旋轉，及至完成拍腳動作和下一勢「彎弓射虎」動作，均要有「楊柳擺春風」之盎然意趣。

第25式 彎弓射虎

腰向右鬆轉，右腳向東南方邁出一步，先以腳跟著地。隨轉腰帶動兩臂平移身前，右掌心仍朝上，左掌心仍朝下（圖139）。

右腳漸踏實，重心漸前移，兩臂向西南方弧形展出。同時，兩掌漸握成拳（圖140）。

接著兩拳屈肘向右上挑起，再向東北角打出，同時完成右弓步勢。隨兩臂挑打，右拳內旋，拳心朝外停於右額前一拳許，左拳經胸前向東北角擊出，拳心朝右，高與胸平，臂直中有屈。眼先顧及兩手向右上繞，再隨左拳前視（圖141）。

【要領】

「彎弓射虎」接前勢時動作要連貫，兩臂右開、上挑、左擊要隨勢圓順，勿要抬肘、聳肩、身仆。

第26式 進步搬攔捶

　　左腳跟微內收，重心移於左腿，隨移右腳尖微內收，腰漸左鬆轉。同時左拳變掌，經右拳下回攞，臂隨攞隨外旋使掌心朝裏上；右拳同時略向下向前伸出，拳心朝下，高與胸齊。此時，左掌抱於胸前尺許，與右肘齊（圖142）。

　　重心全部移於左腿，右腳先腳跟後腳尖離地提回。同時左掌向體左側畫弧，臂隨畫隨內旋使掌心翻朝前坐掌，高與肩齊，右拳自前向下向左於腹前屈肘回收，拳心朝下，兩臂呈弧形（圖143）。

　　右腳向右前斜方邁出一步。同時右拳向前上微提，左掌屈臂附於右手腕部（圖144）。

接著右腳尖稍外撇踏實，重心漸前移成右弓步，隨弓步右拳臂外旋上弧形向右前搬出，拳心朝裏上，左掌隨右拳搬出附於右小臂內側（圖145）。

重心全部移於右腿，左腳隨著跟起，同時右拳向後下微沉抽，拳心朝上，左掌向前微推（圖146）。

左腳向前邁出一步，先腳跟著地，左掌隨之前推，右拳沉抽到腰際（圖147）。

接著左腳落實漸成左弓步勢，右拳隨之前擊，邊出拳邊內旋使拳心朝左，左掌稍向左攔，沉肘回收於右肘內側，指尖朝上。眼平視（圖148）。

【要領】

搬攔捶動作腿法上要連貫，中間不要停頓。手與腳要配合一致，開合有序。出拳時，要做到拳由心發。凡握拳，四指捲曲，指尖輕貼於掌心，拇指壓在中指中節，拳背與小臂平齊，腕關節不可上下裏外扭拗。

第27式 十字手

重心不變，體右轉，左腳內扣使腳尖朝南。隨轉體右拳變掌，臂內旋，順時針弧形上移至右額前，左掌亦同時弧形上移至左額前，兩肘微圓撐，兩掌心向外。眼隨轉體平視。（圖149）

重心全部移於左腿，右腳跟離地，體微沉，同時兩臂呈弧形左右分開，落與肩平，兩掌心朝前下。眼神顧及兩掌分開，略偏視右掌（圖150）。

接著右腿提起，落於左腳旁與肩同寬，兩腳平行，成小開步。同時兩臂繼續弧形下落合抱於腹前，右手在下左手在上，兩掌心朝裏下，腕部相交，兩腿仍屈蹲。眼神顧及兩掌合抱前視（圖151）。

身體漸漸立起，同時兩手上掤於鎖骨前，臂隨掤隨外旋，使掌心朝裏，右手在外，左手在裏，仍腕部相交成十字手勢。眼隨手前視（圖152）。

【要領】
兩手上舉時肩肘務須鬆沉。整個十字手的運動，要做得圓活鬆淨，飽滿柔韌。兩膝屈蹲時，身體不可前俯，身體立起時，不可後仰。注意收住尾閭，虛領頂勁，勁貫足跟。

第28式 收勢

兩掌向前伸，同時兩臂內旋使兩
掌心轉朝下（圖153）。

左手經右手背上左右分開同肩寬
（圖154）。

隨即兩肘下沉，自然帶動兩掌徐
徐下按至兩胯旁前，手指朝前，掌心
朝下（圖155）。

最後，兩臂與兩手自然下垂，左腳也輕提起落下與右腳併攏收回。眼向前平視（圖156）。

【要領】

收勢，也叫合太極，由動變靜，徐徐收斂心意氣息。最後，眼神也要自然收斂。

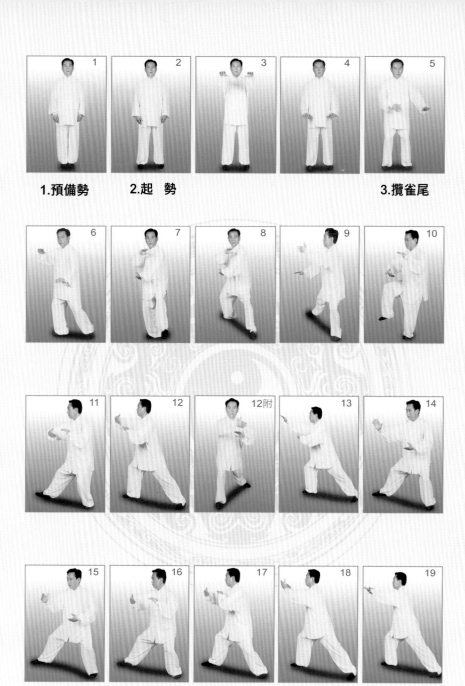

1.預備勢　　2.起　勢　　　　　　　　　　3.攬雀尾

4.單　鞭

5.提手上勢

6.白鶴亮翅　　　　　　7.左右左攬膝拗步

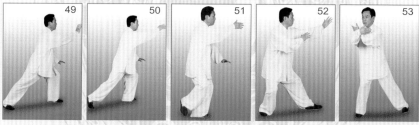

8.手揮琵琶　　　　　　　　　　**9.抱虎歸山**

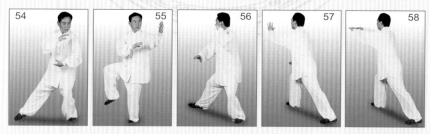

10.肘底看捶

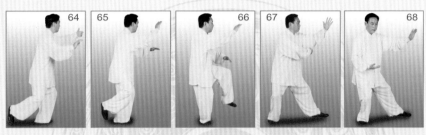

11.右左右倒攆猴

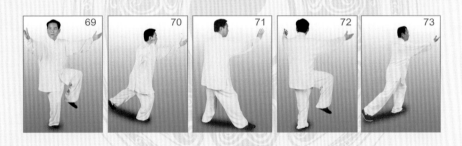

12.右分左蹬腳

13.轉身左打虎

14.回身雙峰貫耳

15.進步栽捶

16.翻身白蛇吐信

17.單擺蓮　　　　　　　　　　　　　　　　**18.左玉女穿梭**

19.右野馬分鬃

20.雲手單鞭

21.下　勢

22.上步七星　　　　　　　　　　**23.退步跨虎**

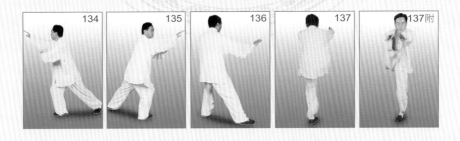

24.轉身擺蓮

25.彎弓射虎　　　　　　　　　　**26.進步搬攔捶**

27.十字手

28.收　勢

大展出版社有限公司
品冠文化出版社

圖書目錄

地址：台北市北投區(石牌)　　　電話：　(02)28236031
　　　致遠一路二段 12 巷 1 號　　　　　28236033
郵撥：01669551＜大展＞　　　　　　　28233123
　　　19346241＜品冠＞　　　傳真：　(02)28272069

·少 年 偵 探· 品冠編號 66

1.	怪盜二十面相	（精）	江戶川亂步著	特價 189 元
2.	少年偵探團	（精）	江戶川亂步著	特價 189 元
3.	妖怪博士	（精）	江戶川亂步著	特價 189 元
4.	大金塊	（精）	江戶川亂步著	特價 230 元
5.	青銅魔人	（精）	江戶川亂步著	特價 230 元
6.	地底魔術王	（精）	江戶川亂步著	特價 230 元
7.	透明怪人	（精）	江戶川亂步著	特價 230 元
8.	怪人四十面相	（精）	江戶川亂步著	特價 230 元
9.	宇宙怪人	（精）	江戶川亂步著	特價 230 元
10.	恐怖的鐵塔王國	（精）	江戶川亂步著	特價 230 元
11.	灰色巨人	（精）	江戶川亂步著	特價 230 元
12.	海底魔術師	（精）	江戶川亂步著	特價 230 元
13.	黃金豹	（精）	江戶川亂步著	特價 230 元
14.	魔法博士	（精）	江戶川亂步著	特價 230 元
15.	馬戲怪人	（精）	江戶川亂步著	特價 230 元
16.	魔人銅鑼	（精）	江戶川亂步著	特價 230 元
17.	魔法人偶	（精）	江戶川亂步著	特價 230 元
18.	奇面城的秘密	（精）	江戶川亂步著	特價 230 元
19.	夜光人	（精）	江戶川亂步著	特價 230 元
20.	塔上的魔術師	（精）	江戶川亂步著	特價 230 元
21.	鐵人Q	（精）	江戶川亂步著	特價 230 元
22.	假面恐怖王	（精）	江戶川亂步著	特價 230 元
23.	電人M	（精）	江戶川亂步著	特價 230 元
24.	二十面相的詛咒	（精）	江戶川亂步著	特價 230 元
25.	飛天二十面相	（精）	江戶川亂步著	特價 230 元
26.	黃金怪獸	（精）	江戶川亂步著	特價 230 元

·生 活 廣 場· 品冠編號 61

1.	366 天誕生星	李芳黛譯	280 元
2.	366 天誕生花與誕生石	李芳黛譯	280 元
3.	科學命相	淺野八郎著	220 元
4.	已知的他界科學	陳蒼杰譯	220 元

・女醫師系列・ 品冠編號 62

・傳統民俗療法・ 品冠編號 63

・常見病藥膳調養叢書・ 品冠編號 631

2. 高血壓四季飲食　　　　　秦玖剛著　200元
3. 慢性腎炎四季飲食　　　　　魏從強著　200元
4. 高脂血症四季飲食　　　　　　薛輝著　200元
5. 慢性胃炎四季飲食　　　　　馬秉祥著　200元
6. 糖尿病四季飲食　　　　　　王耀獻著　200元
7. 癌症四季飲食　　　　　　　　李忠著　200元
8. 痛風四季飲食　　　　　　　魯焰主編　200元
9. 肝炎四季飲食　　　　　　　王虹等著　200元
10. 肥胖症四季飲食　　　　　　李偉等著　200元
11. 膽囊炎、膽石症四季飲食　　謝春娥著　200元

・彩 色 圖 解 保 健・品冠編號 64

1. 瘦身　　　　　　　　　　主婦之友社　300元
2. 腰痛　　　　　　　　　　主婦之友社　300元
3. 肩膀痠痛　　　　　　　　主婦之友社　300元
4. 腰、膝、腳的疼痛　　　　主婦之友社　300元
5. 壓力、精神疲勞　　　　　主婦之友社　300元
6. 眼睛疲勞、視力減退　　　主婦之友社　300元

・心 想 事 成・品冠編號 65

1. 魔法愛情點心　　　　　　結城莫拉著　120元
2. 可愛手工飾品　　　　　　結城莫拉著　120元
3. 可愛打扮 & 髮型　　　　　結城莫拉著　120元
4. 撲克牌算命　　　　　　　結城莫拉著　120元

・熱 門 新 知・品冠編號 67

1. 圖解基因與 DNA　　（精）　中原英臣 主編　230元
2. 圖解人體的神奇　　（精）　米山公啟 主編　230元
3. 圖解腦與心的構造　（精）　永田和哉 主編　230元
4. 圖解科學的神奇　　（精）　鳥海光弘 主編　230元
5. 圖解數學的神奇　　（精）　柳 谷 晃 　著　250元
6. 圖解基因操作　　　（精）　海老原充 主編　230元
7. 圖解後基因組　　　（精）　才園哲人　 著　230元

・法 律 專 欄 連 載・大展編號 58

台大法學院　　　法律學系／策劃
　　　　　　　　法律服務社／編著

1. 別讓您的權利睡著了(1)　　　　　　　200元
2. 別讓您的權利睡著了(2)　　　　　　　200元

4